新キッシュ

渡辺麻紀

文化出版局

はじめに

幼い頃に初めて食べた、ほうれん草とベーコンのキッシュ。とろけるチーズ、クリーミーな味わい、それまで食べたことのないおいしさ。それが「キッシュ」との出会いで、フランスという国を知るきっかけでした。

そのずいぶん後のこと。パリの料理学校で、キッシュはフランスの郷土料理として私の前に現れました。甘く香るたっぷりのバターでほろほろとくずれるテクスチャの生地（パート）を作り、濃厚な生クリームと卵、チーズを惜しみなく使って。さすが酪農王国。乳製品の使用量には驚きましたが、良質なそれらが作り出すおいしさは、他では太刀打ちできないと思わせるものでした。

フランスならではのこのおいしさを伝えたくて作った以前のキッシュの本から、ずいぶん時が過ぎました。当然、私も歳を重ね、あんなに夢中で食べていた料理の量がいつのまにかコンパクトになり、時にはパスすることも……。好きなものを食べる楽しみ、作る楽しみを手放したくないのに、と考えていたら、最近は味わいもカロリーも軽やかなプラントベースのミルクがポピュラーになり、植物由来の油の選択肢が増えたりと、食材が多様化してきたではありませんか。

軽やかなミルクで作るアパレイユには、軽やかなテクスチャのパートが合います。となると、バターではなく植物油でパートを作ってみよう。すべてがあっさりだと満足感がないから、乳製品のコクとおいしさは具材として集中させよう。食べ応えは具材の食材自体に担ってもらおう。それも野菜類をたっぷり。そのみずみずしさでパートとのバランスをとり、一緒に咀嚼して、いい具合に飲み込めるように。

ぱぁっと視界が開けた瞬間でした。

キッシュは、パート、アパレイユ、具材、この3つが大事な構成要素であり、三位一体を成すものだと変わらず私は思っています。生地でお腹いっぱいになるからと、パートを薄くしていいものではないのです。量、風味ともに、アパレイユと具材をしっかりと支える適度な"厚み"がなくてはいけません。

さらに、植物油で作るパートは、バターで作るときに生地を休ませる時間と手間が必要ないことは予想外の発見でした。思い立ってすぐに、どんどん作ることができるので、"甘いキッシュ"のアイデアまでも浮かびました。

皆さんもぜひ、季節のおいしさを詰め込んで、一年を通して「新キッシュ」を楽しみませんか？

渡辺麻紀

contents

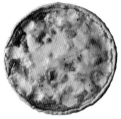

セイボリーキッシュ
Savory Quiches
16

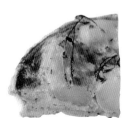

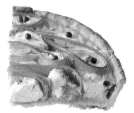

ぶどうとローリエ
58

りんごとクミンに
ちょっとだけパルミジャーノ
59

ショコラとプルーン
62

ドライフルーツに
ローズマリー
63

レモン・ピスターシュ
66

きんかんと黒胡麻に甘酒
67

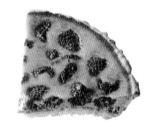

抹茶と白花豆、レモン
67

いちごマスカルポーネ
70

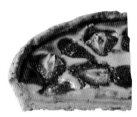

チェリーチェリーキッシュ
71

ピーチ、カルダモン
74

フランボワーズ・ピスターシュ
75

マンゴーのメレンゲキッシュ
78

パイナップル・ココ
79

ブルーベリーとレモン
82

「新キッシュ」の特徴

Light & Tasty

植物由来の材料でおいしく作る

クラシックなキッシュに比べて、生地（パート）も、卵とミルクのたね（アパレイユ）も軽やか。具材は、季節の野菜類をたっぷり使い、相性のいい食材を組み合わせています。

パートにバターを使わない

クラシックなパートにはバターがたっぷり。それがおいしさでもあるのですが、ときと場合によって重たく感じることも……。そこで、バターではなく植物油（太白胡麻油や米油）を使い、素材の配合や混ぜかたを工夫して、味もテクスチャも軽やかになるよう仕上げたのが本書（新キッシュ）のパートです。また、日本ならではのキッシュを意識して、米粉のパートも作ってみました（p.13参照）。

生クリームや牛乳をプラントベースミルクに

生地に合わせて、アパレイユもより軽くなるよう、生クリームや牛乳ではなくプラントベースミルク（植物由来のミルク）を使います。クセの少ないオーツミルクを基本とし、コクを出したいときはアーモンドミルクを、豆っぽい風味が合う素材には豆乳を合わせていますが、好みで選んでかまいません。どのミルクもメーカーにより、感じる甘みや濃度などにわずかな違いがあるので、お好みのものを見つけてください。

具だくさんでアパレイユは少なめ

新キッシュはどれも具だくさん。炭水化物と脂質のおいしさで成立している従来のキッシュと違い、野菜類（とりわけ旬を味わえるもの）をたっぷり詰め込みました。アパレイユはそれらのつなぎと考えて最小限の量に。具を味わうキッシュです。

2. Easy to cook

時間も手間も、体感としては通常の⅓

材料を指先でさっと混ぜ合わせた生地を、すぐに型に敷き込んでオーブンへ。作りやすい薄いタルト型を使い、薄力粉は、初めてでも扱いやすい分量で統一しています。

（左）胡麻を生のまま搾った、クセのない太白胡麻油。
（右）香りが抑えられた製菓用の太白胡麻油。

生地を休ませる必要がない

クラシックなキッシュは、生地を仕込んで数時間休ませ、型に敷き込んでさらに休ませ……とパート作りに時間と手間を要します。バターを切り込む作業で粉にストレスがかかり、焼いたときに生地が縮むのを避けるために休ませる必要があるのです。「新キッシュ」では植物油（太白胡麻油や米油）を使うので、その手間がありません。焼成後に時間が経っても、バターを使った生地にありがちな酸化臭が少ないのもいいところ。

パートの空焼きは重石不要

パートの空焼きは省きません。粉の風味をきちんと出したいのと、生の状態の粉が焼成中にアパレイユと混ざり、べったりしたテクスチャになるのを避けるためです。そこで、重石をのせずに空焼きする方法をとりました。底面部分をしっかり焼きたいのと、より手軽に作れるように重石を用意する手間も省いてみたい、と思ったからです。もし焼成中にふくらんでしまったり、亀裂ができても、簡単に修復できます（p.15参照）。

粉は薄力粉を130g。こねずに混ぜるだけ

パートに使う小麦粉は、強力粉ではなく「薄力粉を130g」で統一しました。生地はこねずに、指を広げて立てた"猫の手"で混ぜるだけ。体感としては従来の1/3の時間と手間で作れ、特別なスキルも不要です（p.12参照）。

3. Savory & Sweet

セイボリー　スイート

同じ生地で塩けのあるキッシュも、甘いキッシュも

本書では、食事になりお酒にも合うセイボリーキッシュと、甘いスイートキッシュをご紹介します。どちらも同じパートを使います。

セイボリーキッシュは、具だくさんで野菜たっぷり

≫ 一般的なキッシュは野菜を食べるというイメージはありませんが、「新キッシュ」は旬の野菜がたっぷり。それぞれの野菜自体を感じてほしいので小さく切らず、あらかじめ焼くなどして甘みや旨みを引き出し、パートにたっぷりと詰めます。つまりは野菜を食べるためのキッシュです。

スイートキッシュは、果物などが凝縮したおいしさ

≫ アパレイユに甘みを足して、旬の果物類を焼き込んだのがスイートキッシュです。パートにはスイーツタルトでよく使われている生地と違い、たくさんの砂糖が入っていないので、加熱して味わいが凝縮した果物類、具材の自然な甘みが際立ちます。

上の2つは基本のパート（左はオーツミルク、右はアーモンドミルクを使用）、左下は米粉のパート。

どちらも同じパートで作れる

≫ セイボリーキッシュもスイートキッシュも同じパートで作ります。空焼きしたパートは常温で3日間、冷蔵庫で2週間ほど保存でき、風味が変わることもありません。時間のあるときに作っておけば、食事に、デザートにと、思い立ったときにすぐに好きなキッシュを作れるのです。また、本書では、パートは3種類紹介しています。小麦粉とオーツミルクで作るパートを基本に、ミルクをアーモンドミルクに替えたり、米粉を使ったりとアレンジできます。

おいしく作るコツと、おいしく食べる秘訣

| 型のこと |

本書では、直径18cm×高さ2.5cmの底取れタルト型を使用します。慣れていない方でも作りやすい分量のレシピになり、少人数でも食べ切りやすいサイズだからです。高さの低いフランス製の型を使う場合や、薄めのパート・ブリゼで仕上げたいときは、粉の分量を100gにし、他の材料をそれに合わせて換算して作ってください。

右は日本で入手しやすいタルト型で、今回使っているもの。
左はフランス製で高さは2cm。

| それでもバターの香りが欲しかったら…… |

パートの空焼き後、生地が熱いうちにバターを3gほどのせておけば、余熱で溶けて広がり、食べたときにほんのりバターが香ります。

| キッシュを上手に焼くコツ |

オーブンは焼く前に、指定の温度に予熱しておくこと。オーブンは大きさやメーカーなどにより、焼成状態に違いが生じます。まずは200℃で30分を目安にして焼いてみてください。焼けたかどうかはアパレイユの状態で確認できます。オーブンから出して型ごと軽くゆすり、アパレイユがゆるいようであれば、さらに5〜10分加熱を。逆に、焼き色が強く、具が焦げてしまいそうなら、オーブンの温度を190〜180℃に下げます。

| キッシュを型から外すときは |

焼き上がったら型ごとケーキクーラーにのせます。5分経ったら、クーラーと型の間に耐熱容器を入れ、キッシュの型枠をストンと落とします。キッシュ本体をまな板などにスライドさせ、型の底を取り除き、再びスライドさせてクーラーにのせ、粗熱を取ります。中央部分はまだやわらかいため、キッシュの縁を持ち上げるとくずれやすいので要注意。

| キッシュを上手に切るコツ |

キッシュの中央に包丁の先を入れ、まずは半分、ザクッと押し切ります。180度回転させて同様に包丁を入れ、半円形にカット。それぞれ放射状に2〜3等分に押し切ります。

| おいしく食べるには？ |

新キッシュは温かいうちに食べるのがベストです。冷めた場合は、フライパンに油をひかずに並べ、弱火でゆっくり温めるとパートのサクサクの食感が戻ります（オーブンで温めてもよい）。

| 冷凍保存するには？ |

カットしてから1つずつラップフィルムに包み、保存袋に入れて冷凍庫へ。食べる際は、アルミ箔に包み、弱火にかけたフライパンに並べ、中まで温まったらアルミ箔を外して熱し、底面をパリッとさせます。

キッシュ・ロレーヌ

フランスのロレーヌ地方で生まれたキッシュ・ロレーヌ。
本来は生地にバターを、アパレイユに
卵と生クリームをたっぷり使うリッチな味わいですが、
ここではぐっと軽やかにして、
ベーコンとチーズの素材感を楽しみます。

基本のパート・ブリゼ （セイボリーキッシュ、スイートキッシュ共通）

本書では、ほろほろとくずれる「ブリゼ」というタイプの生地をご紹介します。

材料（直径18cm×高さ2.5cmの底取れタルト型　1台分）

薄力粉…130g
砂糖（きび糖）…小さじ1
塩…小さじ¼
植物油（太白胡麻油または米油など）…30g
オーツミルク…45g
とき卵（アパレイユで取り置いたもの）…大さじ1

型の準備

1. 型に薄く油（分量外）を塗る。ペーパータオルで溝までしっかり塗ると粉がきれいにつく。

2. 茶濾しで薄力粉（分量外）をふる。底面にふり、側面にまわしてしっかりつけ、裏返して余分な粉を落とす。

作り方

1
ボウルに薄力粉をふるい入れ、砂糖、塩を加えて混ぜる。油をまわし入れる。

point

2
"猫の手"で30回、力を入れずに大きくかき混ぜる。

3
オーツミルクをまわし入れる。"猫の手"で大きくかき混ぜる。

point

4
生地がまとまってきたらOK。きれいに混ざっていなくてもいい。ここで決して練らないこと。

5
調理台に薄く打ち粉（薄力粉、分量外）をし、手で生地を直径12cmの円盤状に成形する。

6
打ち粉を薄くまぶした麺棒で生地をのばしていく。麺棒は体に対して平行に持ち、中心から上、中心から下、と上下に転がす。端までのばし切らないのがコツ。

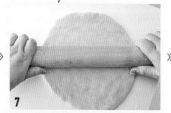

point

7
生地を両手で持ち上げて45度ずつ向きを回転させ、直径22cmになるまで同様にのばしていく。回転させながらのばすことで、きれいな円形になる。

8
手で縁を丸く成形する。出っぱった生地を内側に入れ込み、麺棒を外から内に動かして厚みを均等にならす。このひと手間で仕上がりがきれいになる。

9 生地を型に敷き込む。生地がのびやすいので麺棒にかけ、手早く端を型に合わせてのせていくと生地がいびつにならない。

10 生地の端を持って少し浮かせ、型の隅まできちっと生地を入れる。

11 フォークの先に打ち粉をつけて空気の通り道になる穴をあける。

12 型からはみ出た生地は、型より3mmほど高くなるよう切り落とす。落とした生地はラップフィルムに包んでキープする（切り落としが多い場合は、生地を薄くのばしすぎ）。

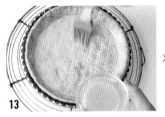

13 200℃に予熱したオーブンで20分焼く（重石は必要なし）。いったん取り出し、内側にハケでとき卵を塗り、フォークの穴をふさぐ。

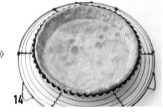

14 さらに5分焼いて完成。
※亀裂などができたときの修復方法はp.15参照

「パート（pâte）」はフランス語で「生地」のこと。
「ブリゼ（brisée）」は「壊れた、砕かれた」という意味です。
キッシュに使うパート・ブリゼは、食べたときに
ほろりとくずれるような軽やなテクスチャに仕上げたいのです。
そのためのコツは、混ぜすぎず、練らないこと。
しっかりと空焼きして粉の風味を引き出します。
なお、生地は仕込んだらすぐに焼き上げてください。
そのままおくと油が分離してくるため、保存には向きません。

米粉のパート・ブリゼ

薄力粉に替えて、米粉でもパート・ブリゼを作れます。
つなぎに練り胡麻を使っているため、噛みしめると胡麻を感じるのが特徴。
小麦アレルギーの人にも安心して食べていただけます。

材料（直径18cm×高さ2.5cmの底取れタルト型　1台分）

米粉（製菓用）…120g
砂糖（きび糖）…小さじ1
塩…小さじ¼
練り胡麻（白）…50g
オーツミルク…60g
とき卵…大さじ1

作り方

1. ボウルに米粉をふるい入れ、砂糖、塩を加えて混ぜる。

2. 練り胡麻を加え、小さくほぐすようにして"猫の手"で30回、力を入れずに大きくかき混ぜる（均一にほぐれない場合は、両手のひらで軽くすりほぐすとよい）。

3. オーツミルクをまわし入れる。"猫の手"で大きくかき混ぜる。

4. 生地がまとまってきたらOK。きれいに混ざっていなくてもいい。ここで決して練らないこと。手で生地を直径12cmの円盤状に成形し、ラップフィルムに包み、冷蔵庫で30分間休ませる。
   *5〜14は基本のパート・ブリゼと同様に作る。

基本のアパレイユ

材料 （直径18cm×高さ2.5cmの底取れタルト型　1台分）

〈セイボリーキッシュ〉

卵 （L玉・常温に戻す）…1個

※大さじ1をパート・ブリゼの空焼きに使用

塩…小さじ⅓

こしょう…少々

パルミジャーノ・レッジャーノ（パウダー）…30g

オーツミルク（常温に戻す）…90g

〈スイートキッシュ〉

卵 （L玉・常温に戻す）…1個

※大さじ1をパート・ブリゼの空焼きに使用

砂糖（きび糖）…30g

※卵色をきれいに出したいときは上白糖に

オーツミルク（常温に戻す）…90g

作り方

1
ボウルに卵を入れカラザを取り除き、大さじ1をパート・ブリゼ用に取り置く。塩、こしょう（スイートの場合は砂糖）を加える。

2
泡立て器を手前に引きながら白身を切るようにして黄身と混ぜる。

3
パルミジャーノ・レッジャーノを加えて混ぜる（スイートの場合は不要）。

4
オーツミルクを加えてさらに混ぜ合わせる。

アパレイユはフランス語で
「混ぜ合わせた液状の生地」といった意味。
「新キッシュ」では、具材のつなぎとして考え、
使用量を最小限にしています。
ミルクはプラントベースのもので軽さを出します。

アパレイユはアレンジできる

基本のレシピをベースにし、具材に合わせて好みで使用するミルクやチーズの種類を替えたり、スパイスや甘みを加えるなどしてアレンジできるのが楽しいところ。

アパレイユが残ったら

具材の大きさや生地の仕上がりにより、アパレイユが少し残ることがある。その場合は、薄切り食パンの片面にしみ込ませてトーストすると、フレンチトーストの風味を楽しめる。

キッシュ・ロレーヌ

材料

基本のパート・ブリゼ…1台 (p.12~13参照)

アパレイユ (savory)…1台分 (p.14参照)

＊パルミジャーノ・レッジャーノを20gに。
＊ナツメグ少々を加える。

ベーコン (厚切りまたは塊)…150g
グリエールチーズ (塊)…80g

作り方

1
基本のアパレイユの作り方を参照に、材料を順に加えて混ぜ、ナツメグを加えて混ぜ合わせる。

2
具材を用意する。ベーコンは1cm角の棒状に、グリエールチーズは1cm角に切る。

3
ベーコンは、フライパンで表面がチリッとするまで焼き、余分な脂を取る。パート・ブリゼに入れる。

4
グリエールチーズを散らす。

5
アパレイユを注ぐ。チーズがボウルの底に残らないよう途中で混ぜながら、数か所から均一に広がるようにゆっくり注ぐ。

6
200℃のオーブンで30分焼く。
※型の外しかたはp.0参照

P.13よりパート・ブリゼの修復法

焼いているときに底面がふくらんで盛り上がってきたら

取り出し、乾いた布巾をのせて、くずさないように指で押して落ち着かせ、オーブンに戻す。生地が焼き固まる前のやわらかいうちに素早くするのがコツ。

下焼き後、亀裂やくぼみができたら

底面や側面に亀裂や穴ができたり、高さが沈んだ場所があれば、切り落とした生地 (p.13のプロセス12参照) で修復できる。生地をミルク少々で薄く広げやすいゆるさに練り、修復したい場所をふさぐように貼りつける。再びオーブンに入れ、そこが焼き固まるまで5分焼く。

15

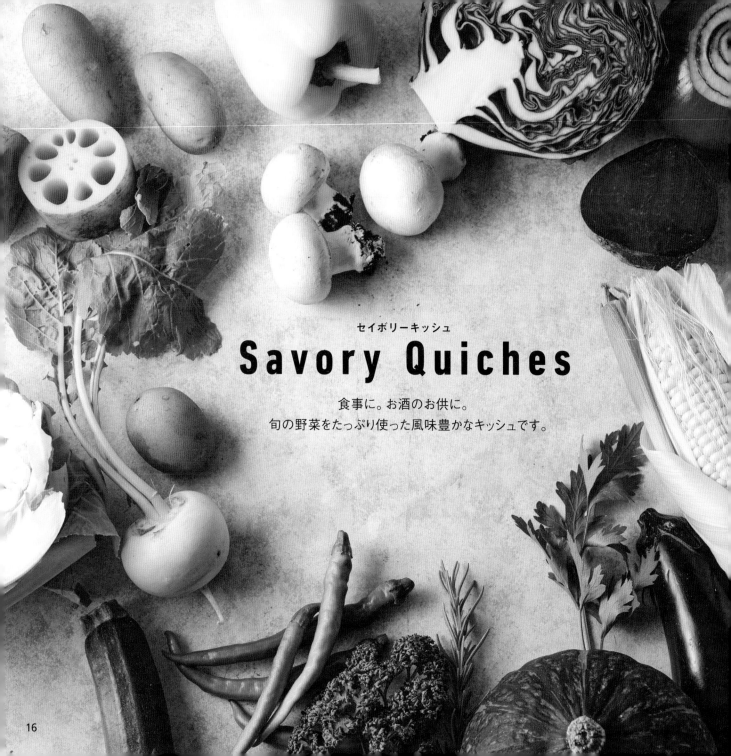

セイボリーキッシュ

Savory Quiches

食事に。お酒のお供に。
旬の野菜をたっぷり使った風味豊かなキッシュです。

春菊、干し柿と生ハム

≫ 作り方はp.19

春菊の香りと心地よい苦味を味わうキッシュ。
干し柿で甘みを、生ハムで脂の旨みをプラス。

れんこん、いちじくにコチジャン

≫ 作り方はp.18

れんこんとドライいちじくは好きな組み合わせの1つ。
アパレイユにコチジャンを加えて。

17

▸▸ れんこん、いちじくにコチジャン

材料

基本のパート・ブリゼ…1台 (p.12〜13参照)

アパレイユ (savory)…1台分 (p.14参照)
*パルミジャーノ・レッジャーノを20gに。
*コチジャン小さじ1を加える。
*花椒小さじ1を加える (なくてもよい)。
花椒は使う直前にフライパンで弱火で煎り、香りを出す。粗熱が取れたらすり鉢ですり (または包丁で刻む)、ザルで漉す。

れんこん…60g
| 油 (太白胡麻油または米油)…小さじ2
| 塩…少々
ドライいちじく (小粒)…8粒
松の実 (ロースト)…大さじ2
糸唐辛子…少々 (なくてもよい)

― ここが *point* ―

✓ れんこんは、あらかじめソテーして甘みを出す。
✓ フルーツの甘みを加えた"甘じょっぱい"味わい。
✓ ドライいちじくの種のテクスチャがアクセントに。

作り方

1. ドライいちじくは縦半分に切る。かたい場合は、アパレイユに10分浸けてやわらかくする。

2. れんこんは皮ごとごく薄い輪切りにする。たっぷりの水に3分ほどさらし、水けをよくきる。フライパンに油を入れて中火にかけ、温まったられんこんを入れて炒め、透き通ってきたら広げて塩をふる。

3. パート・ブリゼにれんこんを広げ、ドライいちじく、松の実を散らす。

4. 3にアパレイユを注ぎ、200℃のオーブンで30分焼く。

5. 糸唐辛子を散らす。

具材の入れ方

▶▶ 春菊、干し柿と生ハム

材料

基本のパート・ブリゼ…1台 (p.12〜13参照)

アパレイユ (savory)…1台分 (p.14参照)

*オーツミルクを同量の豆乳に。
*パルミジャーノ・レッジャーノを20gに。

春菊…⅓束
干し柿（大）…1個（45g）
生ハム…4〜6枚

― ここが *point* ―

✓ 春菊の葉をフレッシュのまま焼くと、表面はドライフーズのようなテクスチャと味わいに。アパレイユの中でしんなりした葉とのコントラストが楽しめる。
✓ 豆乳を使い、アパレイユはさっぱりと。

作り方

1. 春菊は葉をつむ。干し柿は種があれば取り除き、くし形に12等分に切る。

2. パート・ブリゼに春菊の葉を広げ、干し柿、生ハムを3列に入れる。

3. 2にアパレイユを注ぎ、200℃のオーブンで30分焼く。

具材の入れ方

きのこ、モッツァレラ

≫ 作り方はp.22

好きなきのこを数種類、たっぷりと。
大きめにカットし、ソテーして旨みをギュッと凝縮させ、
それぞれのきのこの存在感を楽しんで。

紫玉ねぎ、ツナ、ゆかり

>> 作り方はp.23

玉ねぎのシャキッとしたテクスチャと辛みを生かして。
ゆかりとの相性もいいです。

▶▶ きのこ、モッツァレラ

材料

基本のパート・ブリゼ…1台 (p.12〜13参照)

＊オーツミルクを同量のアーモンドミルクに。

アパレイユ (savory) …1台分 (p.14参照)

＊オーツミルクを同量のアーモンドミルクに。
＊パルミジャーノ・レッジャーノを20gに。

しいたけ…4〜5個
マッシュルーム…4〜5個
舞茸…1パック
　│ オリーブオイル…小さじ2
　│ 塩、こしょう…各少々
モッツァレラチーズ…50g
イタリアンパセリ…1枝

ここが point

- ✓ きのこはそれぞれに旨みがあり、香りもテクスチャも違うので、2〜3種類ミックスするのがおすすめ。
- ✓ しいたけ、マッシュルームは軸も使う。
- ✓ きのこは水分をたくさん含んでいるので、あらかじめ炒めておくと焼成中に水っぽくなるのを防げる。炒める際は中火で。弱火で長時間加熱すると水分が出てきてしまうので注意。
- ✓ アーモンドミルクを合わせてコクを足す。

作り方

1. しいたけとマッシュルームは、汚れがついている場合はペーパータオルで拭き取る。石づきを落とし、軸ごと縦半分に切る。舞茸は手でひと口大にさく。フライパンにオリーブオイルを入れて中火にかけ、温まったらきのこ類を入れて炒める。焼き色がついたら塩、こしょうをふる。

2. モッツァレラチーズは水けをきり、2cm角に切る。イタリアンパセリは葉をつまむ。

3. パート・ブリゼにきのこを入れ、モッツァレラチーズを散らす。

4. 3にアパレイユを注ぎ、イタリアンパセリを散らし、200℃のオーブンで30分焼く。

具材の入れ方

▶▶ 紫玉ねぎ、ツナ、ゆかり（米粉のパート・ブリゼ）

材料

米粉のパート・ブリゼ…1台 (p.12〜13参照)

アパレイユ (savory)…1台分 (p.14参照)

＊マヨネーズ小さじ2を加える。

紫玉ねぎ (または玉ねぎ、小)…1個
ツナ…140g (正味)
ゆかり…小さじ2

—— ここが *point* ——
- ✓ 紫玉ねぎは生で使い、シャキッとした食感と辛みを残したい。焼成中に水分が出ないよう調理前に広げて、軽いセミドライの状態にするのがコツ。水分がほどよく抜け、キッシュが水っぽくならない。急ぐときは、サーキュレーターなどにあてても。
- ✓ アパレイユに加えるマヨネーズはわずかでも、焼けたときはそそる香りに。

作り方

1. 紫玉ねぎは皮をむき、ごく薄い輪切りにし、ペーパータオルや平ザルの上に重ならないように広げて1時間おく。ツナは缶汁をよくきる。

2. パート・ブリゼに紫玉ねぎ、ツナの半量を入れ、ゆかりを半量散らす。残りの紫玉ねぎ、ツナ、ゆかりを散らす。

3. 2にアパレイユを注ぎ、200℃のオーブンで30分焼く。

具材の入れ方

カリフラワー、チキンボール、
白みそにシナモン

≫ 作り方はp.26

カリフラワーとチキンボール。やさしい味わいのコンビネーションに、
白みそとシナモンがよく合います。クミンも加え、ノーボーダーな味わいに。

紫キャベツとビーツ、
ソーセージにクミン
≫ 作り方はp.27

ビーツを加えたマゼンタ色のアパレイユが、かわいくも、色っぽくもあって。
ソーセージは好みですが、私は白ソーセージが好き。たまにはこんなキッシュはいかが？

▶▶ カリフラワー、チキンボール、白みそにシナモン

材料

基本のパート・ブリゼ…1台 (p.12〜13参照)

アパレイユ (savory)…1台分 (p.14参照)
*白みそ大さじ1、シナモンパウダー小さじ1/4を加える。

カリフラワー…¼〜⅓個 (180g)
鶏ひき肉 (むね肉)…100g
│ クミンシード…小さじ1
塩、こしょう…各適量
太白胡麻油…小さじ3

── ここが *point* ──

✓ カリフラワーは、茎のやわらかい部分もおいしく食べ
られるのでむだなく使う。あらかじめじっくり焼いて、香
ばしさと甘みを引き出す。

✓ スパイスは、好みでシナモン、クミンのどちらかだけで
もOK。

作り方

1. カリフラワーは4等分に切る (茎のやわらかい部分も使う)。フライパンに太白胡麻油小さじ2を入れてカリフラワーを並べ、弱火〜弱めの中火で茎の部分にすっと竹串が通るまで両面をじっくり焼く。塩、こしょう各少々をふって取り出す。

2. チキンボールを作る。ボウルに鶏ひき肉を入れ、塩、こしょう各少々、クミンシードを加えて混ぜ、10等分にして丸める。1のフライパンに残りの油を足し、チキンボールを入れて全面を焼く (中心まで火が通らなくてもよい)。

3. パート・ブリゼにカリフラワー、チキンボールを入れる。

4. 3にアパレイユを注ぎ、200℃のオーブンで30分焼く。

具材の入れ方

▸▸ 紫キャベツとビーツ、ソーセージにクミン（米粉のパート・ブリゼ）

材料

米粉のパート・ブリゼ…1台 (p.12〜13参照)

アパレイユ (savory)…1台分 (p.14参照)
*パルミジャーノ・レッジャーノをゴートチーズ（すりおろす）20gに。
*オーツミルクをアーモンドミルク50gに。
*下ゆでしたビーツ30gをペースト状にし、加える（作り方1参照）。
*ギリシャヨーグルト（または水切りヨーグルト）50gを加える。

紫キャベツの葉（大）…3枚
　塩…少々
　酢…小さじ2
下ゆでしたビーツ（市販のものでも可）…150g
ソーセージ（長さ6〜7cmのもの）…4本
　太白胡麻油…小さじ1

ここが Point
- ✓ ビーツは市販の下ゆでしたものでもいいが、生のものを弱火でゆっくりゆでると甘くておいしい。
- ✓ 紫キャベツは蒸しゆでしたあとに酢をまわしかけると、ふわっと鮮やかな紫色に。大きな葉のまま使うことで、焼けた部分と味わいのコントラストも楽しめる。
- ✓ ソーセージは好みのものでOK。

焼き上がりを半分にカットしたところ。ビーツを中央に、ソーセージを外側に置くと具を等分に切り分けられる。

作り方

1. アパレイユを作る。小角切りにしたビーツをハンドブレンダーなどでなめらかなペースト状にする。他の材料を加えて混ぜる。

2. 鍋に200mlの湯を沸かす。弱めの中火にし、紫キャベツを入れて塩をふり、蓋をして軸の部分がやわらかくなるまで蒸しゆでする。ゆで汁を捨て、酢を全体にまわしかけ水けをきる。

3. ビーツはくし形に6等分に切る。

4. ソーセージは両側に切り込みを入れる。フライパンに太白胡麻油を入れて中火にかけ、ソーセージを入れて軽く焼き色がつくよう焼く。

5. パート・ブリゼにソーセージをサークル状に置き、中央にビーツを入れ、その上に紫キャベツを盛る。

6. 5にアパレイユを注ぎ、200℃のオーブンで30分焼く。

具材の入れ方

じゃがいも、にんにく、タイムにゴルゴンゾーラ

にんにくやタイムと一緒にオーツミルクで
ゆっくり煮たじゃがいもを丸ごと入れて焼きます。
ブルーチーズがアクセントのお酒が飲めるキッシュ。

>> 作り方はp.30

28

サーモンとレーズンにケール、
カレー風味

>> 作り方はp.31

ケールはかたくて苦いイメージがあるようですが、
サラダ用のものはオーブンで焼くと
チップスのようにパリパリになっておいしいです。

ほうれん草、
牡蠣、ゆかり

>> 作り方はp.31

ほうれん草と牡蠣の組み合わせは、
フランスやイタリアでも古くから人気。
私は牡蠣とゆかりが
好きな組み合わせ。

▶▶ じゃがいも、にんにく、タイムにゴルゴンゾーラ

材料

基本のパート・ブリゼ…1台 (p.12〜13参照)

アパレイユ (savory)…1台分 (p.14参照)
＊じゃがいもを煮る際のオーツミルクを使用 (作り方2参照)。
＊じゃがいもを煮る際に加えたにんにくをつぶして加える。
＊塩を少々に。

じゃがいも (メークイン、小)…6〜7個 (360g)
オーツミルク…250g
にんにく…3かけ
タイム…5〜6枝
塩…小さじ½
こしょう…少々
ゴルゴンゾーラ・ピカンテ…80g

— ここが *point* —
✓ じゃがいもは、小さいものがなければカットして使う。
✓ 一緒に煮たにんにくをつぶしてアパレイユに混ぜる。
✓ ゴルゴンゾーラは、カビのテイストが強く、ピリッとした辛みのあるピカンテを。パルミジャーノやカマンベール、モッツァレラなど好みのチーズに替えてもよい。

作り方

1. じゃがいもは皮をむき、たっぷりの水に30分浸ける。にんにくは薄皮をむき、縦半分に切り芽を取り除く。深めの小鍋に水けをきったじゃがいも、オーツミルク、にんにく、タイムを入れ、中火にかける。軽く沸いたら火を弱め、塩、こしょうを加え、じゃがいもが躍らない火加減で竹串がすっと通るまで煮る。火を止め、常温になるまでそのままおく。

2. アパレイユを作る。オーツミルクは、1の煮汁を常温に冷まして100gを使用。煮汁が足りない場合は、オーツミルク (分量外) を足す。1のにんにくをスプーンの背などでつぶし、アパレイユに混ぜる。ゴルゴンゾーラ・ピカンテの塩けが入るので、塩加減は好みで。

3. パート・ブリゼにじゃがいもを入れ、ゴルゴンゾーラ・ピカンテをちぎって散らす。

4. 3にアパレイユを注ぎ、1のタイムをのせ、200℃のオーブンで30分焼く。

具材の入れ方

▶▶ サーモンとレーズンに ケール、カレー風味

ケールは焦げやすいので、
途中で追いケールを！

材料

基本のパート・ブリゼ…1台 (p.12〜13参照)

アパレイユ (savory)…1台分 (p.14参照)

*カレー粉小さじ1を加える。

サーモン (生食用サク)…150g
　｜　塩、こしょう…各少々
　｜　オリーブオイル…小さじ2
レーズン…15g
ケール (サラダ用)…2枚

作り方

1. サーモン全体に塩をふり、冷蔵庫で15分おく。ペーパータオルで表面の水けを取り、8等分に切る。フライパンにオリーブオイルを入れて中火にかけ、温まったらサーモンの両面を焼く (中心まで火が通らなくてよい)。こしょうをふる。

2. ケールはひと口大にちぎる。

3. パート・ブリゼにサーモン、ケールの半量を入れ、レーズンを散らす。

4. 3にアパレイユを注ぎ、200℃のオーブンに入れる。途中、ケールが焦げるようなら、アルミ箔をかぶせるか、いったん取り出してアパレイユの中に手早く入れる。20分焼いて、アパレイユが焼き固まってきたら、取り出して残りのケールを加え、焼き色が軽くつくまで焼く。

▶▶ ほうれん草、牡蠣、ゆかり

ほうれん草はゆでてから炒めると
えぐみがやわらぎ、甘くなる。
牡蠣は旨みが凝縮したオイル煮で。

材料

基本のパート・ブリゼ…1台 (p.12〜13参照)

*オーツミルクを同量のアーモンドミルクに。

アパレイユ (savory)…1台分 (p.14参照)

*オーツミルクを同量のアーモンドミルクに。

ほうれん草…3株 (360g)
　｜　オリーブオイル…小さじ2
　｜　塩、粗挽き黒こしょう…各少々
牡蠣のオイル煮 (市販)…65〜75g (正味)
ゆかり…小さじ1

作り方

1. ほうれん草は塩ゆでし、3cm長さに切り、水けを手でしぼる。フライパンにオリーブオイルを入れて中火にかけ、温まったらほうれん草をほぐし入れる。水分をとばすように炒め、塩、粗挽き黒こしょうをふる。

2. 牡蠣はペーパータオルの上に広げ、缶汁を取る。

3. パート・ブリゼにほうれん草を広げ、牡蠣を入れ、ゆかりを散らす。

4. 3にアパレイユを注ぎ、200℃のオーブンで30分焼く。

丸ごとカマンベールの
メルトキッシュ
≫ 作り方はp.34

りんごとカマンベールの名産地、フランス・ノルマンディーっぽく。
食べるときは、ぜひみんなの前で真ん中からバスン、と切って。
盛り上がること間違いなし。

新玉ねぎとグリーンピース、ハムとミント

>> 作り方はp.35

新玉ねぎは、ゆっくり加熱すると甘みが増します。
旬のグリーンピースはシュガーピースという
呼び名にうなずくほど甘いおいしさ。
ハムを加え、塩けのバランスをとりました。

ミックスビーンズと
デーツにフェタチーズ

>> 作り方はp.34

噛むほどに味わいのある豆キッシュ。
好きな豆で作ってOK。
デーツをレーズンに替えてもおいしいです。

▶▶ 丸ごとカマンベールの メルトキッシュ

具材の入れ方

りんごは薄さがポイント。
紅玉やジャズリンゴなど、小ぶりで
酸味があるタイプがおすすめ。
甘いりんごの場合は
好みでレモン汁をきかせても。

材料

基本のパート・ブリゼ…1台 (p.12〜13参照)

アパレイユ (savory) …1台分 (p.14参照)

＊オーツミルクを50gに。
＊パルミジャーノ・レッジャーノをサワークリーム30gに。
＊ナツメグ小さじ1/4を加える。

カマンベールチーズ…150g
りんご (小) …1個
くるみ (粗みじん切り) …10g

作り方

1. りんごは皮つきのまま薄切りにし、長さを半分に切る。

2. パート・ブリゼの中央にカマンベールチーズを置き、周囲にりんごを少しずつずらしながら並べる。くるみを散らす。

3. 2にアパレイユを注ぎ、200℃のオーブンで30分焼く。

▶▶ ミックスビーンズと デーツにフェタチーズ

具材の入れ方

豆は、乾燥豆をゆでて使うとやはりおいしい。
塩けと酸味のあるフェタチーズと、
スパイスを使ってエキゾチックな味わいに。
アーモンドミルクを合わせてコクをプラス。

材料

基本のパート・ブリゼ…1台 (p.12〜13参照)

アパレイユ (savory) …1台分 (p.14参照)

＊オーツミルクをアーモンドミルク50gに。
＊ギリシャヨーグルト (または水切りヨーグルト) 50gを加える。
＊クミンパウダー、シナモンパウダー各小さじ1/4を加える。

ミックスビーンズ (下ゆでしたもの) …80g
＊ここでは白いんげん豆、ひよこ豆、うずら豆を使用。
　(乾燥豆の戻しかたとゆでかたはp.69参照)

ドライデーツ…6個
国産レモンの皮のすりおろし…1/4〜1/3個分
フェタチーズ…50g

作り方

1. パート・ブリゼにドライデーツを並べる。

2. ミックスビーンズ、ちぎったフェタチーズを入れ、レモンの皮をすりおろす。

3. 2にアパレイユを注ぎ、200℃のオーブンで30分焼く。

▸▸ 新玉ねぎとグリーンピース、ハムとミント

材料

基本のパート・ブリゼ…1台 (p.12～13参照)

アパレイユ (savory)…1台分 (p.14参照)
*パルミジャーノ・レッジャーノを同量のゴートチーズ (すりおろす) に。

新玉ねぎ (またはサラダ玉ねぎ)…1個
│ 塩…少々
グリーンピース…60g
│ 塩…少々
ハム (切り落としで可)…50g
フレッシュミントの葉…20枚
オリーブオイル…小さじ2
フレーク状の塩…少々

───── ここが *point* ─────
✓ グリーンピースは、ゆでて鍋ごと氷水に浸けて急冷すると、発色がよくなり、コロンと丸い形もキープできる。
✓ 蒸した新玉ねぎとグリーンピースは、ペーパータオルの上に広げてしっかり水けを取る。
✓ 仕上げの塩をフレーク状のものにすると、新玉ねぎの甘さがより引き立つ。

作り方

1. 新玉ねぎは皮をむき、くし形に8等分に切る。蒸気の上がった蒸し器に並べて塩をふり、中火で7～8分、やわらかくなるまで蒸す。ペーパータオルの上に広げて水けを取る。

2. 小鍋に中火で湯を沸かし、グリーンピース、塩を入れて7～8分、やわらかくなるまでゆで、鍋ごと氷水に浸けて急冷する。豆を取り出し、ペーパータオルの上に広げて水けを取る。

3. ハムはひと口大に切る。

4. パート・ブリゼに新玉ねぎ、くるりと軽く巻いたハムを入れ、グリーンピースと、フレッシュミントの葉を散らす。

5. 4にアパレイユを注ぎ、200℃のオーブンで30分焼く。

6. 粗熱が取れたら、オリーブオイル、フレーク状の塩をまわしかける。

具材の入れ方

かぶと大豆ミートに
コリアンダー

》作り方はp.37

ジューシーなかぶと大豆ミートで。
大豆ミートはいつまでも「ミートの代わり」でなく、
これだからこそおいしいという食べ方で。

材料

基本のパート・ブリゼ…1台 (p.12〜13参照)

アパレイユ (savory)…1台分 (p.14参照)

かぶ (小、葉つき)…2個
| オリーブオイル…小さじ2
| 塩、こしょう…各少々
大豆ミート (チャンクタイプ)…20g
| バルサミコビネガー…小さじ1・½
A| オリーブオイル…小さじ1・½
| 塩、こしょう…各少々
コリアンダーシード…小さじ1

― ここが *point* ―
✓ かぶは大きく切り、あらかじめ焼いておく。甘みが出
るのと、パート・ブリゼと一緒に食べるとジューシーさ
が引き立ち、味わいのバランスがよくなる。

作り方

1. 大豆ミートは使用する商品の指示通りに戻す (今回使用
したものは、熱湯を注いで20〜30分おき、中心までやわらかくす
る)。手で水けをしぼり、**A**をまぶして混ぜ10分おく。

2. かぶは皮つきのまま、葉ごと縦半分に切る。フライパン
にオリーブオイルを入れて弱めの中火にかけ、かぶの切
り口を下にして、中心がやわらかくなるまでじっくり焼く。
8割ほど火が通ったら裏返して加熱し、塩、こしょうをふる。

3. コリアンダーシードは鍋やボウルの底でつぶす。

4. パート・ブリゼにかぶ、大豆ミートを入れ、コリアンダーシ
ードを散らす。

5. 4にアパレイユを注ぎ、200℃のオーブンで30分焼く。

具材の入れ方

にんじんとオレンジ、
リコッタにピンクペッパー

≫ 作り方はp.40

スライスしたにんじんをリボンのように詰め、
リコッタチーズで軽いミルキーさをプラス。
にんじんの甘みとオレンジの爽やかな風味に、ピンクペッパーがアクセント。

アスパラガスに
温泉卵

>> 作り方はp.41

じっくりとソテーし、驚くほど甘みと香りが出た
アスパラガスのおいしさをギュッと閉じ込めたキッシュ。
食べるときに温泉卵をくずしてソースのようにからませて。

►► にんじんとオレンジ、リコッタにピンクペッパー

材料

基本のパート・ブリゼ…1台 (p.12〜13参照)

＊オーツミルクを同量のアーモンドミルクに。

アパレイユ (savory)…1台分 (p.14参照)

＊オーツミルクを同量のアーモンドミルクに。
＊パルミジャーノ・レッジャーノを20gに。

にんじん（細め）…1本 (130g)
　｜ 塩…少々
リコッタチーズ…80g
オレンジ…½個
ピンクペッパー…小さじ½

───── ここが *Point* ─────

✓ にんじんは、しんなりする程度に加熱してから使うと
　ぐっと甘みが増す。
✓ オレンジは、好みですりおろした皮も散らして、爽やか
　な風味を加える。
✓ アーモンドミルクでナッティなコクをプラスして。

作り方

1. にんじんはへたを落とし、スライサーで皮ごと厚さ1.5mm
   に縦にスライスする。フライパンににんじんを広げ、水
   50mlを入れて塩をふる。蓋をして弱火にかけ、途中でそ
   っと裏返し、しんなりする程度に加熱する。ペーパータオ
   ルの上に広げて水けを取り、幅2.5cmの縦長のリボン
   状になるように切る。

2. オレンジはよく洗い、好みで皮はすりおろす（輸入品でワッ
   クスが気になる場合は、塩でもみ洗いをして水で流してから使うと
   よい）。果肉は取り出し、1房を3〜4等分に切り、ザルに
   入れて水けをきる。

3. パート・ブリゼに1で切り落としたにんじんを広げ、その上
   にリボン状のにんじんを波形に立てて置く。ところどころ
   にリコッタチーズを入れ、オレンジの果肉と皮、ピンクペ
   ッパーを散らす。

4. 3にアパレイユを注ぎ、200℃のオーブンで30分焼く。

具材の入れ方

►► アスパラガスに温泉卵 （米粉のパート・ブリゼ）

材料

米粉のパート・ブリゼ…1台 (p.12〜13参照)

アパレイユ (savory) …1台分 (p.14参照)

＊オーツミルクを同量の豆乳に。
＊パルミジャーノ・レッジャーノを同量のゴートチーズ（すりおろす）に。

アスパラガス（細め）…14〜15本
｜ オリーブオイル…大さじ1
｜ 塩、こしょう…各少々
ゴートチーズ（すりおろす）　大さじ1
温泉卵（市販）…1人1つ
パプリカパウダー…少々（なくてもよい）

─── ここが *point* ───

✓ アスパラガスの味わいがダイレクトに出るので、新鮮
　でおいしいものを選ぶこと。ソテーするとゆでたときと
　は違うおいしさが味わえる。
✓ 米粉のパート・ブリゼで作ると、胡麻の風味がアクセ
　ントに。
✓ パルミジャーノ・レッジャーノをより個性の強いゴート
　チーズに替えて。

作り方

1. アスパラガスは根元のかたい部分を切り落とし、下1/3
　の皮をピーラーでむく。フライパンにオリーブオイルを入
　れて中火にかけ、アスパラガスを並べる。転がしながら
　塩、こしょうをふり、かたい部分にすっと竹串が通るまで
　じっくりソテーする。粗熱が取れたら、穂先から型の長さ
　に合わせて切り、残りは長さ1cmの小口切りにする。

2. パート・ブリゼにアスパラガスの小口切りを広げ、その上
　に穂先を並べる。

3. 2にアパレイユを注ぎ、ゴートチーズを散らし、200℃の
　オーブンで30分焼く。

4. 切り分けて器に盛り、温泉卵を添え、パプリカパウダーを
　ふる。

具材の入れ方

41

明太子とパクチーにきゅうり、
ヨーグルトソース

≫ 作り方はp.44

丸ごと入れた明太子に山盛りのパクチー、トッピングにきゅうり。
だまされたと思ってトライしてみて。
よく冷やしたビールや白ワインに相性抜群です。

たけのこと桜えび、ケイパー、山椒

≫作り方はp.45

たけのこと桜えび。春の出会いものをキッシュにしました。
アパレイユにはわずかに山椒の香りを。
ぜひよく冷やした白ワインとどうぞ。

イングリッシュ・コロニアルキッシュ
（そら豆、ほうれん草、チェダーチーズ）

≫作り方はp.45

2023年5月、イギリス国王戴冠式にまつわる昼食会で、
宮廷料理人が考え、そのレシピを公開したキッシュ。
具材の組み合わせはそのままに、配合などをアレンジしました。

▶▶ 明太子とパクチーにきゅうり、ヨーグルトソース

材料

基本のパート・ブリゼ…1台 (p.12〜13参照)

アパレイユ (savory) …1台分 (p.14参照)

＊オーツミルクの半量 (45g) をギリシャヨーグルト (または水切りヨーグルト) に。ヨーグルトがダマにならないように混ぜ、なめらかになったらオーツミルクを加える。

明太子 (または、たらこ) …3本 (1腹半)
パクチー…2〜3株 (40g)
ヨーグルトソース
 ┌ ギリシャヨーグルト…50g
 │ オリーブオイル…大さじ1
 │ 塩…少々
 └ にんにく (すりおろす) …小さじ¼
きゅうり…1本
すり胡麻 (白) …小さじ2
オリーブオイル…小さじ1
塩…少々

ここが point
- ✓ パクチーはたっぷりと。葉と茎に分け、茎は切って使うと全体のテクスチャとなじみがよい。
- ✓ アパレイユにヨーグルトを加え、明太子の風味に爽やかさをプラス。
- ✓ ヨーグルトソースときゅうりは食べる直前にかけて。

作り方

1. パクチーは葉はつまみ、茎は5mm長さに切る。

2. パート・ブリゼに明太子をサークル状に置く。パクチーの茎を散らし、葉を中央に置く。

3. 2にアパレイユを注ぎ、200℃のオーブンで30分焼く。

4. ヨーグルトソースを作る。ボウルにすべての材料を入れ、なめらかになるまで混ぜる。

5. きゅうりは、ピーラーでリボン状にスライスし、さっと氷水に浸けて水けをきり、すり胡麻と和える。

6. 3のキッシュにヨーグルトソースをかけ、きゅうりを中央に盛る。きゅうりにオリーブオイルをまわしかけ、塩をふる。

具材の入れ方

焼き上がり。ヨーグルトソースときゅうりのトッピングは食べる直前に行う。

▶▶ たけのこと桜えび、ケイパー、山椒

たけのこは表面を焼くと香ばしさが出て、
味わいにメリハリがつく。
ケイパーは粒が大きければ
粗く刻んで使う。

具材の入れ方

材料

基本のパート・ブリゼ…1台 (p.12〜13参照)

アパレイユ (savory)…1台分 (p.14参照)

＊粉山椒少々を加える。

ゆでたけのこ (小さめ)…200g
│ オリーブオイル…小さじ2
│ 塩…少々
桜えび (釜揚げ)…30g
モッツァレラチーズ
(ひと口タイプ。普通サイズの場合はひと口サイズに切る)…50g
ケイパー (酢漬け)…小さじ2

作り方

1. ゆでたけのこは食べやすい大きさにくし形に切り、水けをよくきる。フライパンにオリーブオイルを入れて中火にかけ、たけのこを入れて切り口の両面を焼き色がつくまで焼き、塩をふる。

2. モッツァレラチーズ、ケイパーは、水けをよくきる。

3. パート・ブリゼにすべての材料を入れる。

4. 3にアパレイユを注ぎ、200℃のオーブンで30分焼く。

▶▶ イングリッシュ・コロニアルキッシュ
（そら豆、ほうれん草、チェダーチーズ）

清涼感のあるエストラゴンの葉は、
欧米ではよく使われる
ハーブの1つ。そら豆とよく合う。

具材の入れ方

材料

基本のパート・ブリゼ…1台 (p.12〜13参照)

アパレイユ (savory)…1台分 (p.14参照)

そら豆…30粒
ほうれん草…1株 (130g)
│ オリーブオイル…小さじ1
│ 塩、こしょう…各少々
チェダーチーズ (塊)…50g
エストラゴンの葉…25枚 (ディル、パセリでも代用可)

作り方

1. そら豆は薄皮をむく。

2. チェダーチーズはグラインダーでシュレッド状にするか、短冊に切る。

3. ほうれん草は塩ゆでし、1.5cm長さに切り、水けを手でしぼる。フライパンにオリーブオイルを入れて中火にかけ、温まったらほうれん草をほぐし入れる。水分をとばすように炒め、塩、こしょうをふる。

4. パート・ブリゼにほうれん草を広げ、チェダーチーズ、エストラゴンの葉を半量散らす。その上にそら豆を入れ、残りのチェダーチーズ、エストラゴンの葉を散らす。

5. 4にアパレイユを注ぎ、200℃のオーブンで30分焼く。

いわしとパプリカ、
オリーブにモッツァレラ

》作り方はp.48

フランスやイタリアの南のほうに行くと、
いわしを使ったおいしい料理がたくさん。
パプリカ、オリーブと合わせてそんなイメージで。
ロゼワインと一緒にどうぞ。

46

ズッキーニ、なす、トマト、しそ

》作り方はp.49

ラタトゥイユでおなじみの野菜に、
あえて日本のしその葉を組み合わせてさっぱりとした風味に。
具材を彩りよく盛り込め、その様子も楽しめるのは、
浅いタルト型だからこそできること。

▸▸ いわしとパプリカ、オリーブにモッツァレラ

材料

基本のパート・ブリゼ…1台 (p.12〜13参照)

アパレイユ (savory)…1台分 (p.14参照)
＊パルミジャーノ・レッジャーノを20gに。
＊イタリアンパセリ (またはパセリやバジル) の粗みじん切り大さじ1 を加える。

いわし (小さめ)…4尾
｜塩…少々
パプリカ…1個 (半分をゴールデンベルにしてもよい)
｜オリーブオイル…小さじ3
｜塩、こしょう…各少々
オリーブ (種なし。ブラックとグリーンは好みで)…6粒
モッツァレラチーズ (ひと口タイプ。
普通サイズの場合はひと口サイズに切る)…50g
粗挽き黒こしょう…少々
イタリアンパセリ (粗みじん切り)…大さじ1

ここが *point*

- ✓ いわしは皮目から表面をさっと焼いて、余分な脂と魚臭さを取り除く。オーブンに入れるときは皮目を上にし、パリッと焼き上げる。
- ✓ パプリカは炒めて甘みを引き出す。
- ✓ アパレイユにイタリアンパセリを加えて爽やかに。

作り方

1. いわしは3枚におろし、両面に塩をふる。パプリカはへたと種を取り除き、1cm四方に切る。オリーブ、モッツァレラチーズは水けをきる。

2. フライパンにオリーブオイル小さじ2を入れて中火にかけ、パプリカを入れて炒め、全体にオイルがまわったら塩、こしょうをふって取り出す。フライパンに残りのオリーブオイルを入れ、いわしの両面を焼く。軽くきつね色になったら取り出す。

3. パート・ブリゼにパプリカ、モッツァレラチーズを広げ、その上にいわしを並べ、隙間にオリーブを置く。

4. 3にアパレイユを注ぎ、200℃のオーブンで30分焼く。

5. 全体に粗挽き黒こしょう、イタリアンパセリをふる。

具材の入れ方

▶▶ ズッキーニ、なす、トマト、しそ

材料

基本のパート・ブリゼ…1台 (p.12〜13参照)

アパレイユ (savory) …1台分 (p.14参照)
*パルミジャーノ・レッジャーノを同量のゴートチーズ (すりおろす) に。
*オーツミルクを同量のアーモンドミルクに。

なす (小) …1本
フルーツトマト (小) …3個
ズッキーニ…⅓本
│ オリーブオイル…大さじ1
しその葉 (大) …10枚
塩…少々
ゴートチーズ (すりおろす) …大さじ2
ローズマリー…2本

┌─── ここが *point* ───┐
- ✓ 野菜は同じ厚さに切り揃える。焼く前にオイルをまぶすことで切り口をコーティングし、旨みを閉じ込める。
- ✓ しその葉はバジルに替えてもよい。
- ✓ ローズマリーを一緒に焼くことで、キッシュ全体に香りがうつる。

焼き上がり。夏野菜のおいしさが重なる。

作り方

1. なす、フルーツトマト、ズッキーニは厚さ2mmの輪切りにする。トマト以外をボウルに入れ、オリーブオイルをまぶす。

2. パート・ブリゼに2枚ずつ重ねたしその葉を、葉先を外に向けて敷く。その上に1の野菜とトマトを1枚ずつ重ね、重なりを少しずつずらしながら、外側から中央へと並べる。

3. 2にアパレイユを注ぎ、全体に塩をふり、ゴートチーズを散らす。

4. 200℃のオーブンで30分焼く。焼き上がりにローズマリーをのせ、1分焼き足して香りをつける。

具材の入れ方

49

かぼちゃとひき肉にガラムマサラ

>> 作り方はp.52

かぼちゃとひき肉、そこにガラムマサラの
風味を加えて、イメージは夏！
かぼちゃとセージの組み合わせは、
イタリアで覚えた大好きな味。

とうもろこしと豆腐、
ココナッツミルク、青唐辛子

>> 作り方はp.53

とうもろこしと豆腐にココナッツミルク、合います。
ココナッツミルクで
甘さを感じつつ、青唐辛子でピリッと。

ミニトマトと生ハム、
フェタチーズに唐辛子

≫ 作り方はp.53

たっぷりのミニトマトが、食べるときにプチッと弾け、
とろりと出た汁がソースのような役割をします。
酸味と塩けがあるフェタチーズ、ピリリときかせる唐辛子がアクセント。

➤➤ かぼちゃとひき肉にガラムマサラ

材料

基本のパート・ブリゼ…1台（p.12〜13参照）

アパレイユ（savory）…1台分（p.14参照）

＊ガラムマサラ小さじ¼を加える。

かぼちゃ…200g
　│ 塩…少々
豚ひき肉（赤身）…150g
　│ 塩、こしょう…各少々
　│ ガラムマサラ（またはカレー粉）…小さじ¼
セージの葉（小）…4〜5枚
（なくてもよい。またはローズマリー1枝）

―― ここが *point* ――

- ✓ 豚ひき肉は赤身肉を使うことで、仕上がりが脂っぽくならない。
- ✓ かぼちゃは、水で濡らしてラップフィルムで包み、電子レンジで2〜3分加熱すると切りやすい。薄切りが難しければ、小角に切ってもOK。

焼き上がりをカットしたところ。ところどころに
入る豚ひき肉がアクセント。

作り方

1. かぼちゃは5mm厚さのくし形に切る。水でさっと濡らして耐熱容器に並べ、ラップフィルムをして竹串がすっと通るまで電子レンジで加熱し、塩をふる。

2. 豚ひき肉に塩、こしょう、ガラムマサラを加えて混ぜる。

3. パート・ブリゼにかぼちゃを並べ、その間に小分けにした豚ひき肉を挟み、セージの葉を散らす。

4. 3にアパレイユを注ぎ、200℃のオーブンで30分焼く。

具材の入れ方

▶▶ とうもろこしと豆腐、ココナッツミルク、青唐辛子

豆腐はかたくしまるまで、しっかり水きりをする。
あれば沖縄の島豆腐を。
その場合、水きりは不要。

具材の入れ方

材料

基本のパート・ブリゼ…1台 (p.12〜13参照)

アパレイユ (savory)…1台分 (p.14参照)

＊オーツミルクを同量のココナッツミルクに。

とうもろこし…1本
｜塩…少々
木綿豆腐 (水きりしたもの)…100g
青唐辛子 (小)…2本
塩、こしょう…各少々
好みで飾り用の青唐辛子…1本

作り方

1. とうもろこしは塩をふって蒸す (またはゆでる)。人肌まで冷めたら包丁で適当な塊にこそげ切る。

2. 木綿豆腐は2cm角に手でちぎる。青唐辛子は好みで種を取り除いて小口切りにする。

3. パート・ブリゼにとうもろこし、木綿豆腐を入れ、青唐辛子を散らし、塩、こしょうをふる。

4. 3にアパレイユを注ぎ、200℃のオーブンで30分焼く。

5. 好みで青唐辛子をのせる。

▶▶ ミニトマトと生ハム、フェタチーズに唐辛子
(米粉のパート・ブリゼ)

ミニトマトはへたをつけたまま焼くと、
キッシュ全体がトマトの濃厚な香りをまとう。
フェタチーズは好みで
モッツァレラチーズに替えても。

具材の入れ方

材料

米粉のパート・ブリゼ…1台 (p.12〜13参照)

アパレイユ (savory)…1台分 (p.14参照)

ミニトマト…22個
フェタチーズ (またはモッツァレラチーズ)…50g
生ハム (切り落としで可)…100g
バジルの葉 (小)…6枚
粗挽き唐辛子粉…小さじ⅛〜¼

作り方

1. フェタチーズは1cm角に切る (または手でちぎる)。生ハムはひと口大に切る。

2. パート・ブリゼに生ハムを広げ、ミニトマト、フェタチーズを入れ、バジルの葉を散らす。全体に粗挽き唐辛子粉をふる。

3. 2にアパレイユを注ぎ、200℃のオーブンで30分焼く。

スイートキッシュ

Sweet Quiches

コーヒーや紅茶のお供に、
食後のデザートに。
ベイクした果物のおいしさを。

マロンにナッツ

» 作り方はp.56

甘栗とミックスナッツで作る滋味あふれるキッシュ。
ほのかにシナモンが香ります。
コーヒーはもちろん、甘いお酒との相性もよし。

いちじくと黒こしょうに赤ワイン

» 作り方はp.57

赤ワインを加えるアパレイユは、大人っぽいローズ色に。
ベイクしたときにしみ出るいちじくの果汁が広がり、
やがてとろりとしてソースのようになります。

▶▶ マロンにナッツ

材料

基本のパート・ブリゼ…1台 (p.12〜13参照)

アパレイユ (sweet)…1台分 (p.14参照)
＊シナモンパウダー小さじ1/3を加える。
＊サワークリーム30gを加える。

甘栗（大）…12粒
ナッツ（無塩、ローストしたもの。くるみ、アーモンド、
ヘーゼルナッツなど好みで）…50g
ジャム（アプリコットジャムなど好みで）…大さじ1

――― ここが *point* ―――
- ✓ 甘栗は栗の甘露煮に替えてもおいしい。
- ✓ ナッツは数種類、お好みで。
- ✓ ジャムは他に、マーマレード、りんごジャムなどが合う。

作り方

1. パート・ブリゼの底面にジャムを塗る。

2. 甘栗、ナッツを入れる。

3. 2にアパレイユを注ぎ、200℃のオーブンで30分焼く。

具材の入れ方

▶▶ いちじくと黒こしょうに赤ワイン

材料

基本のパート・ブリゼ…1台 (p.12〜13参照)

アパレイユ (sweet)…1台分 (p.14参照)

＊オーツミルクを半量 (45g) に。
＊ギリシャヨーグルト (または水切りヨーグルト) 50gを加える。
＊赤ワイン30ml (煮詰めたもの) を加える (作り方1参照)。

いちじく (小)…3〜4個
砂糖 (きび糖)…小さじ2
粗挽き黒こしょう…少々

— ここが *point* —

✓ いちじくは小ぶりなものを。
✓ 赤ワインはカベルネ・ソーヴィニヨンなど、しっかりした果実味のあるタイプがおすすめ。

作り方

1. 小鍋に赤ワイン50mlを入れて中火にかけ、30mlに煮詰めて冷ます。アパレイユに加えて混ぜる。

2. いちじくは皮ごと縦半分に切る。

3. パート・ブリゼにいちじくを並べ、砂糖、粗挽き黒こしょうをふる。

4. 3にアパレイユを注ぎ、200℃のオーブンで30分焼く。

具材の入れ方

ぶどうとローリエ

≫ 作り方はp.60

イタリアで過ごしていたときに驚いたことの1つが、みんなぶどうを皮ごと、種ごとむしゃむしゃ食べること。ここでは種なしで皮ごと食べられる種類を使いましたが、好みのぶどうで作ってください。

りんごとクミンに
ちょっとだけパルミジャーノ

≫ 作り方はp.61

薄くスライスしたりんごを、たっぷり詰めます。
パルミジャーノ・レッジャーノをふりかけて焼き、
"甘じょっぱさ"の中に香るクミンがアクセント。

▶▶ ぶどうとローリエ

材料

基本のパート・ブリゼ … 1台 (p.12〜13参照)

＊オーツミルクを同量のアーモンドミルクに。

アパレイユ (sweet) … 1台分 (p.14参照)

＊オーツミルクをアーモンドミルク50gに。
＊クリームチーズ (常温に戻す) 30gを加える。

ぶどう (シャインマスカット) … 30粒
ローリエ (フレッシュでもドライでも可) … 6〜7枚

ここが *Point*

- ✓ ぶどうとローリエは、肉のオーブンローストなどで付け合わせによく作る組み合わせ (ローリエの香りがよく合う)。
- ✓ 焼いて凝縮したぶどうの味わいが口の中で広がる。
- ✓ ローリエの他、ローズマリー、タイム、シナモンを合わせるのもおすすめ。

作り方

1. パート・ブリゼにぶどうを入れ、ローリエを散らす。

2. 1にアパレイユを注ぎ、200℃のオーブンで30分焼く。

具材の入れ方

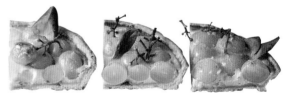

焼き上がりをカットしたところ。

▶▶ りんごとクミンにちょっとだけパルミジャーノ（米粉のパート・ブリゼ）

材料

米粉のパート・ブリゼ…1台（p.12〜13参照）

アパレイユ（sweet）…1台分（p.14参照）
＊オーツミルクをアーモンドミルク50gに。
＊クリームチーズ（常温に戻す）30gを加える。

りんご（小）…2個
クミンシード…小さじ1
パルミジャーノ・レッジャーノ…大さじ1

―― ここが *point* ――

✓ りんごは薄さがポイント。紅玉や、夏はニュージーランド産のジャズリンゴなど、小ぶりで酸味があるタイプがおすすめ。甘いりんごの場合は好みでレモン汁をきかせても。

作り方

1. りんごは皮つきのまま薄切りにする。

2. パート・ブリゼにりんごを少しずつずらしながら並べ、クミンシードをふる。

3. 2にアパレイユを注ぎ、パルミジャーノ・レッジャーノをふり、200℃のオーブンで30分焼く。

具材の入れ方

ショコラとプルーン

≫ 作り方はp.64

パート・ブリゼもアパレイユもショコラの風味に。
プルーンの替わりにドライのいちじくも合います。
クリスマスやバレンタインの贈り物にもいいかも。

ドライフルーツに
ローズマリー

》作り方はp.65

少しずつ余っているドライフルーツを集めて作れる「お片付けキッシュ」。
唐辛子と黒こしょうを少し入れ、
甘みの強いドライフルーツのアクセントにしました。

►► ショコラとプルーン

材料

基本のパート・ブリゼ…1台(p.12〜13参照)

*薄力粉を120gにし、ココア10gを加える。

アパレイユ(sweet)…1台分(p.14参照)

| 卵(常温に戻す)…1個
| 製菓用チョコレート(カカオ分64%)…100g
| アーモンドミルク(常温に戻す)…90g
| クリームチーズ(常温に戻す)…30g
| 砂糖(きび糖)…30g
プルーン(種なし)…8個
ココア(トッピング用の吸湿しないタイプがおすすめ)…適量
アラザン…少々(なくてもよい)

―― ここが *point* ――

✓ チョコレートは製菓用のものを。カカオ成分64%の
　上下2%以内のものを選ぶ(甘みをこのパーセントに
　合わせているため)。
✓ アパレイユは材料を加えるごとによく混ぜ合わせて、
　なめらかに仕上げる。

焼き上がり、冷めてからココアをふる。

作り方

1. チョコレートのアパレイユを作る。ボウルに卵を入れカラザを取り除き、よくときほぐす。

2. 別のボウルにクリームチーズ、砂糖を入れ、なめらかになるまですり混ぜる。

3. 別のボウルにチョコレートを包丁で粗く刻んで入れる。

4. 小鍋にアーモンドミルクを入れ、60℃に温める。3のボウルに4〜5回に分けて加え、そのつど泡立て器で混ぜ、なめらかにする。

5. 4に2を加えて混ぜ、1を2回に分けて加え混ぜ合わせる。

6. パート・ブリゼにプルーンを並べる。

7. 6に5のチョコレートのアパレイユを注ぎ、170℃のオーブンで30分焼く。

8. 完全に冷めたら、茶漉しでココアをふり、アラザンを飾る。

具材の入れ方

▶▶ ドライフルーツにローズマリー

材料

基本のパート・ブリゼ…1台 (p.12〜13参照)

アパレイユ (sweet) …1台分 (p.14参照)
＊ギリシャヨーグルト (または水切りヨーグルト) 30gを
加える。

ドライフルーツ
(干し柿、プルーン、レーズン、クランベリー、しょうが糖など)
　　…合わせて250g
リキュール (キルシュ、ラム酒など。または赤・白ワイン)
　　…小さじ2
粗挽き唐辛子、粗挽き黒こしょう…各少々
ローズマリー…4本
シナモンスティック (小) …2本
クランベリー…数粒 (なくてもよい)

ここが point

- ✓ ドライフルーツはミックスするほど味わいも楽しいので、
  そのときどきで使うフルーツを替えても。
- ✓ しょうが糖を入れるのがおすすめ。ジンジャーブレッド
  のような風味になる。
- ✓ ローズマリーやシナモンスティックを一緒に焼くと、
  キッシュ全体に香りがうつる。

作り方

1. 干し柿、プルーンなどの大きいものは1〜2cm角に切る。

2. ドライフルーツをすべて耐熱容器に入れ、リキュールを
   まぶす。ラップフィルムをし、電子レンジで1分加熱する。
   完全に冷めるまでおく。

3. パート・ブリゼに2のフルーツを、汁けを取って広げる。

4. 3にアパレイユを注ぎ、粗挽き唐辛子、粗挽き黒こしょう
   を散らす。200℃のオーブンで30分焼く。焼き上がりに
   ローズマリー、シナモンスティックをのせ、1分焼き足して
   香りをつける。

5. 好みでクランベリーを飾る。

具材の入れ方

レモン・ピスターシュ

>> 作り方はp.68

ベースはレモンの果肉をたっぷり使った、レモンだけのキッシュ。
キュンとくる酸味とレモンの爽やかな香りを楽しめます。

きんかんと黒胡麻に甘酒

≫ 作り方はp.68

きんかんと黒胡麻。
東洋の香りがするこの組み合わせは魅惑的。
ベイクしたきんかんの、
ねっとりしたテクスチャと風味は格別です。

抹茶と白花豆、レモン

≫ 作り方はp.69

やわらかくねっとりと煮た白花豆をたっぷり。
抹茶風味のアパレイユで包んで。
ひかえめにきかせるレモンの風味が、
その両方を際立たせます。

▶▶ レモン・ピスターシュ

レモンは国産の無農薬のものを使う。

具材の入れ方

材料

基本のパート・ブリゼ…1台 (p.12〜13参照)

アパレイユ (sweet) …1台分 (p.14参照)

＊砂糖 (きび糖) をグラニュー糖または上白糖40gに。
＊クリームチーズ (常温に戻す) 50gを加える。

レモン (小) …1個
レモン (半月切り) …½個
ピスタチオ (みじん切り) …大さじ1

作り方

1. レモン1個は皮をむき、果肉を小さく切る。

2. パート・ブリゼに**1**を散らす。

3. **2**にアパレイユを注ぎ、170℃のオーブンで25〜30分焼く。

4. 冷めたら半月に切ったレモンを縁に沿って並べ、ピスタチオを飾る。

▶▶ きんかんと黒胡麻に甘酒

きんかんは、へたと種を
ていねいに取り除くこと。
アパレイユは黒胡麻でコクを
プラスしたが、白胡麻でもおいしい。

具材の入れ方

材料

基本のパート・ブリゼ…1台 (p.12〜13参照)

アパレイユ (sweet) …1台分 (p.14参照)

＊砂糖 (きび糖) を40gに。
＊オーツミルクを甘酒 (濃縮タイプ) 70gに。
＊黒すり胡麻20gを加える。
＊塩少々を加える。

きんかん…10〜12個

作り方

1. きんかんは横半分に切り、楊枝でへたと種を取り除く。

2. パート・ブリゼにきんかんを入れる。

3. **2**にアパレイユを注ぎ、200℃のオーブンで30分焼く。

►► 抹茶と白花豆、レモン （米粉のパート・ブリゼ）

材料

米粉のパート・ブリゼ…1台 (p.12～13参照)

アパレイユ (sweet)…1台分 (p.14参照)

＊砂糖（きび糖）を同量のグラニュー糖または上白糖に。
＊抹茶（製菓用）小さじ2を加える（作り方2参照）。

白花豆 (下ゆでしたもの)…200g
  水…500ml
  グラニュー糖…80g
  レモン汁…大さじ1
国産レモンの皮 (すりおろす)…½個分

乾燥豆の時短な戻しかたと下ゆでの方法 ———

鋳物製などの厚手の鍋に800mlの湯を沸かし、火を
止める。直前に水洗いした乾燥豆200gを入れ、蓋を
して1時間おく。中火にかけ、軽く沸いたら蓋を少しず
らし、好みの加減までゆでる。

※この方法は、従来のように乾燥豆を一晩浸水する必要がない

———— ここが *point* ————
- ✓ 抹茶は製菓用を使うと発色がよい。ダマになりやす
  いので茶漉しで漉して使う。
- ✓ 抹茶の色をきれいに出すため、砂糖は色のつかない
  グラニュー糖または上白糖で。

作り方

1. 白花豆を煮る。鍋に白花豆と水、グラニュー糖を入れ、
   中火にかける。煮立ったら火を弱め、そっとかき混ぜてグ
   ラニュー糖を溶かす。10分煮てレモン汁を入れて混ぜ、
   火を止める。冷めるまでおく。

2. アパレイユを作る。ボウルに漉した抹茶を入れ、オーツミ
   ルク大さじ1を加えてなめらかに練り、残りのオーツミル
   クを少しずつ加えながら混ぜる。別のボウルに卵を入れ、
   カラザを取り除く。砂糖を加え、泡立て器でほぐし混ぜる。
   さらに抹茶ミルクを加えて混ぜ合わせる。

3. パート・ブリゼに水けをきった白花豆を入れる。

4. 3にアパレイユを注ぎ、200℃のオーブンで30分焼く。

5. オーブンから取り出し、レモンの皮をふる。

具材の入れ方

いちごマスカルポーネ

≫ 作り方はp.72

加熱したいちごのおいしさは、フレッシュとは別もの。
マスカルポーネでコクを出し、花椒でピリッとアクセントを。

チェリーチェリーキッシュ

>> 作り方はp.73

加熱すると佐藤錦は甘く、やわらかくとろけるよう。
アメリカンチェリーはテクスチャが残り、存在感があります。
贅沢に2種類をミックスしたチェリーづくしのキッシュです。

71

►► いちごマスカルポーネ

材料

基本のパート・ブリゼ…1台 (p.12〜13参照)

＊オーツミルクを同量のアーモンドミルクに。

アパレイユ (sweet) …1台分 (p.14参照)

＊オーツミルクを同量のアーモンドミルクに。
＊マスカルポーネチーズ50gを加える。

いちご (小) …12粒
砂糖 (きび糖) …小さじ2
花椒…小さじ½

ここが point

✓ いちごは、甘いだけでなく酸味もあるタイプを選んで。
加熱したときにおいしさが違ってくる。

作り方

1. 花椒は、使う直前にフライパンで弱火で煎り、香りを出す。粗熱が取れたらすり鉢などで粗くつぶし (またはペーパータオルの上にのせ、包丁で刻む)、ザルで漉す。

2. いちごはへたを取り、縦半分に切る。

3. パート・ブリゼにいちごを入れる。

4. 3にアパレイユを注ぎ、砂糖、花椒をふり、200℃のオーブンで30分焼く。

具材の入れ方

➤➤ チェリーチェリーキッシュ

材料

基本のパート・ブリゼ…1台 (p.12〜13参照)

アパレイユ (sweet)…1台分 (p.14参照)

＊オーツミルクを80gに。
＊クリームチーズ（常温に戻す）50gを加える。

さくらんぼ（佐藤錦、アメリカンチェリー）…合わせて45粒
ローズマリー（細め）…3〜4本
砂糖（きび糖）…小さじ2

―― ここが *point* ――

- ✔ さくらんぼは、ナイフで実を半分に切って種を取り出す。あれば専用の道具を使ってもよい。
- ✔ ローズマリーを一緒に焼くことで、キッシュ全体に香りがうつる。

作り方

1. さくらんぼは、実にナイフでぐるりと切り込みを入れて半分に割り、種を取り除く（好みで果枝を残す）。

2. パート・ブリゼにさくらんぼを入れる。

3. 2にアパレイユを注ぎ、砂糖をふり、200℃のオーブンで30分焼く。ローズマリーを縁に沿わせて置き、さらに3分焼く。

具材の入れ方

73

ピーチ、カルダモン

≫ 作り方はp.76

大胆に切って加熱した桃は、とろりとやわらかく、うっとりする香りに。
ジューシーな桃をアーモンドミルクの味わいの濃さが支えます。

フランボワーズ・ピスターシュ

≫ 作り方はp.77

フランボワーズとピスタチオといえば、いまや世界的に人気の組み合わせ。
ピスタチオの風味にアーモンドミルクを合わせ、フランボワーズの酸味を支えます。

►► ピーチ、カルダモン

材料

基本のパート・ブリゼ…1台 (p.12〜13参照)

＊オーツミルクを同量のアーモンドミルクに。

アパレイユ (sweet)…1台分 (p.14参照)

＊オーツミルクをアーモンドミルク50gに。
＊マスカルポーネチーズ50gを加える。
＊カルダモンの種2粒分をつぶして加える (作り方1参照)。

桃 (小)…2個
｜レモン汁…小さじ2
カルダモン…2粒
砂糖 (きび糖)…小さじ2
ハーブティー用ローズペタル…少々 (なくてもよい)

ここが Point

✓ 大きめに切った桃を大胆に使うことで、加熱した桃のおいしさを味わえる。
✓ アパレイユにマスカルポーネチーズを加えてコクを出す。
✓ カルダモンの香りもアクセント。

焼き上がり。仕上げにローズペタルを散らすと香りがさらに華やかに。

作り方

1. カルダモンは薄皮をむき、皮は取り置く。中の種を取り出し、すり鉢などで粗くつぶす (またはペーパータオルの上にのせ、包丁で刻む)。アパレイユに加えて混ぜる。

2. 小鍋にたっぷりの湯を沸かし、桃を入れて上下を返しながら10秒加熱し、すぐに氷水に取る。冷えたらナイフで皮をむく。1/4に切って種を取り除き、2切れをそれぞれ4等分に切り、レモン汁をまぶす。

3. パート・ブリゼに桃を並べる。

4. 3にアパレイユを注ぎ、桃の上に1で取り置いたカルダモンの薄皮を散らし、砂糖をふる。200℃のオーブンで30分焼く。

5. 好みでローズペタルを散らす。

具材の入れ方

▸▸ フランボワーズ・ピスターシュ

材料

基本のパート・ブリゼ … 1台 (p.12〜13参照)

アパレイユ (sweet) … 1台分 (p.14参照)

*オーツミルクを同量のアーモンドミルクに。
*ピスタチオ (製菓用のスーパーグリーンタイプ) 30gを加える
(作り方1参照)。

フランボワーズ (フレッシュまたは冷凍) … 150g

ーーーー ここが *point* ーーーー

✓ 冷凍のフランボワーズを使う場合は、凍ったまま、す
　ぐにオーブンに入れる。
✓ ピスタチオをパウダー状にすることで、フランボワーズ
　となじみやすく、仕上がりの口あたりがよくなる。

作り方

1. ピスタチオはミルにかけるか包丁で刻んでパウダー状に
　する。アパレイユに加えて混ぜる。

2. パート・ブリゼにフランボワーズを入れる。

3. 2にアパレイユを注ぎ、200℃のオーブンで30分焼く。

具材の入れ方

マンゴーのメレンゲキッシュ

>> 作り方はp.80

おいしさが凝縮したドライマンゴーの甘酸っぱい味わいが魅力。
本来はイタリアンメレンゲで作りますが、よりカジュアルな作りかたをご紹介。
アーモンドミルクを使い、南国っぽく。

パイナップル・ココ

≫ 作り方はp.81

パイナップル、ココナッツ、レモングラスで東南アジアテイストに。
あらかじめ焼いたパイナップルの甘みと酸味、
テクスチャのバランスがよいので、ぜひこの方法でトライしてみて！

▸▸ マンゴーのメレンゲキッシュ

材料

基本のパート・ブリゼ…1台 (p.12〜13参照)

アパレイユ (sweet) …1台分 (p.14参照)

＊オーツミルクをアーモンドミルク50gに。
＊ベースの卵1個に、卵黄1個分を加える
（卵白はメレンゲに使用）。
＊ヨーグルト（マンゴーを浸したもの）50gを加える（作り方1 参照）。

ドライマンゴー…50g
ヨーグルト（プレーン）…100g
メレンゲ
│ 卵白…1個分
│ グラニュー糖…35g
│ コーンスターチ…5g

--- ここが *Point* ---

✓ ドライマンゴーの風味がうつり、水分をマンゴーに吸われて水切り状態になったヨーグルトをアパレイユに利用する。
✓ メレンゲは、コーンスターチを加えることで保形性がよくなる。メレンゲを作るボウルなどの調理器具は、汚れをしっかり洗って水けを拭いて使うこと。

焼き上がり。メレンゲをたっぷりと。

作り方

1. ドライマンゴーはヨーグルトに浸して冷蔵庫に入れ、4〜5時間おく。ドライマンゴーを取り出し、まわりについたヨーグルトをこそいで、浸していたヨーグルトと合わせて50g量り、アパレイユに加えて混ぜる（足りない場合はプレーンヨーグルトを加える）。

2. ドライマンゴーは幅1cmに切る。

3. パート・ブリゼにドライマンゴーを広げる。

4. 3にアパレイユを注ぎ、170℃のオーブンで25〜30分焼き、取り出す。

5. メレンゲを作る。清潔なボウルに卵白を入れ、ハンドミキサーで8分立てに泡立てる。グラニュー糖とコーンスターチを合わせてふるい、3回に分けて加え混ぜ、ツノが立つまで泡立てる。

6. オーブンの温度を220℃に上げる。

7. 5のメレンゲを4にのせて広げ、ゴムベラの面を横にしてメレンゲに当て、弾くように、ツノを立てる。

8. 再びオーブンに入れ、ところどころに焼き色がつくまで2〜3分焼く。

具材の入れ方

▶▶ パイナップル・ココ （米粉のパート・ブリゼ）

材料

米粉のパート・ブリゼ…1台 (p.12〜13参照)

アパレイユ (sweet) …1台分 (p.14参照)

＊オーツミルクをココナッツミルク60gに。
＊塩ひとつまみを加える。

パイナップル（フレッシュ）…300g
レモングラスの葉…4〜5本 (なくてもよい)
ココナッツファイン…大さじ1

――― ここが *point* ―――

✓ フレッシュパイナップルをあらかじめ焼くことで味を凝
　縮させ、余分な水分を飛ばす。
✓ レモングラスを一緒に焼くことで、キッシュ全体に香
　りがうつる。
✓ アパレイユにひとつまみの塩を入れることで甘みが
　引き立つ。

作り方

1. パイナップルは厚さ1.5cm、幅3cmに切る。フライパン
　にパイナップルの広い面を並べ、弱めの中火にかける。
　焼き色がついたら裏返し、同様に焼く。

2. パート・ブリゼにパイナップルを入れる。

3. 2にアパレイユを注ぎ、レモングラスの葉を縁に巻き入れ、
　200℃のオーブンで30分焼く。

4. 取り出して、縁にココナッツファインを散らし、さらに1〜2
　分焼く。

具材の入れ方

ブルーベリーとレモン

≫ 作り方はp.83

完熟ブルーベリーをたっぷりと。
加熱すると、ゆるんだ実の果汁がソースのような味わいに。
レモンは皮ごと使い、フレッシュな酸味と皮のほろ苦さをプラス。

材料

基本のパート・ブリゼ…1台 (p.12〜13参照)

＊オーツミルクを同量のアーモンドミルクに。

アパレイユ (sweet)…1台分 (p.14参照)

＊砂糖（きび糖）を同量のグラニュー糖に。
＊オーツミルクをアーモンドミルク80gに。
＊サワークリーム30gを加える。

ブルーベリー（フレッシュまたは冷凍）…150g
国産レモン（小）…½個
グラニュー糖…大さじ1

ーーー ここが point ーーー

✓ 冷凍のブルーベリーを使う場合は、凍ったまま、すぐ
　にオーブンに入れる。
✓ ブルーベリーの上にグラニュー糖をふって焼くと、そ
　こがアメ状になってテクスチャが楽しくなる。

作り方

1. レモンは半月状のごく薄切りにする。

2. パート・ブリゼにブルーベリーを入れ、二重の円を描くよ
   うにレモンを差し込む。

3. 2にアパレイユを注ぎ、グラニュー糖をふり、200℃のオ
   ーブンで30分焼く。

具材の入れ方

渡辺麻紀（わたなべ・まき）

大学在学中より、フランス料理研究家のアシスタントを務める。ル・コルドン・ブルー東京校に5年間勤務の後、フランス、イタリアにて料理と菓子を学ぶ。それらのクラシックな料理をベースとし、日本の食材や調味料と組み合わせるレシピを得意とし、書籍、雑誌、テレビなどで活躍。日本、フランス、イタリアに本社をもつ食品、調理器具メーカーへのレシピ提供も手がける。著書に『QUICHES』『おつまみとお酒のマリアージュ』（ともに池田書店）、『3皿でコース』（主婦の友社）、『型なしタルト シュクレ&サレ』（河出書房新社）、『渡辺麻紀のお茶菓子レシピ』（文化出版局）など多数。
Instagram@watanabemaki_makiette

デザイン　野澤享子 (Permanent Yellow Orange)
撮影　宮濱祐美子
取材・文　増本幸恵
校閲　藤吉優子
編集　鈴木百合子（文化出版局）

撮影協力
マルホン胡麻油（竹本油脂株式会社）
電話0120−77−1150
https://www.gomaabura.jp/
市丸農園
Instagram@ichimaru_farm

新キッシュ

2023年11月20日　第1刷発行

著者　　　渡辺麻紀
発行者　　清木孝悦
発行所　　学校法人文化学園　文化出版局
　　　　　〒151-8524
　　　　　東京都渋谷区代々木3−22−1
　　　　　電話03−3299−2479（編集）
　　　　　　　　03−3299−2540（営業）
印刷・製本所　株式会社文化カラー印刷

文化出版局のホームページ
https://books.bunka.ac.jp